Ich bin das Meer

Werner Franke

GEDICHTE & PROSA

SPIEKEROOG *2013*

Herstellung und Verlag:
BoD – Books on Demand, Norderstedt
ISBN 978-3-7322-4855-1

Autor: Werner Franke
Zeichnungen: Anna K. Ehmen
Umsetzung: Shaun F. Münzer

Spiekeroog, *2012 & 2013*
Süderloog 17, D–26474 Spiekeroog

Inhaltsverzeichnis

I.

Unterm Bernsteinlicht

Heimat

1. Bild

In den Dünengräsern summt der Wind seine Shanties
begleitet von den Klarinetten der Möwen

2. Bild

auf der Horizontlinie sind Tanker und Containerschiffe
aufgereiht wie Wäschestücke auf der Leine

3. Bild

bei Ebbe schlägt die See die Bettdecke beiseite
und auf dem Laken des Watts
sind die Liebesspiele der Flut sichtbar

4. Bild

auf der Bühne des Himmels wandeln sich die Wolken
stetig in die dramatischen Figuren einer Sturmballade

5. Bild

am Abend steckt sich das Meer
die Sonne in die Tasche wie eine goldene Münze
der Lohn für einen Tag Arbeit

Heißer Augusttag

und die Abwesenheit des Windes

Wird der Wind sich je erinnern
an den Geruch der Insel
wie es ist
durch das Dünengras zu streifen
mit leichter Hand
einen Dünenkamm aufzuwerfen
oder etwas versanden zu lassen
ein Wrack etwa
Wellen aufzutürmen in der Flut
oder Rillenverse zu schreiben
in das feuchte Watt
mit der Nordseetinte

in der Flaute brennt
die Augustsonne auf den Krebspanzern
auf den staubtrockenen Sandbänken
regt sich kein Möwenflaum
auf der See liegt die Stille
wie eine tonnenschwere Fracht
in allem Sein herrscht Warten
ein Starren auf ein altes vergilbtes Foto
von einer Insel im Sturm

endlich neigt sich die Hitze des Tages
dem Abend zu
und da ist ein unauffälliges Rühren
an einigen Halmen
der Kormoran hebt den Kopf
spannt sich an
ein Feldhase spitzt die Ohren
war es Täuschung?
doch da! eine vergessene Stranddecke
wird gewendet
ein letztes Ausholen ein Anlauf nehmen
ein tiefes Einatmen
und er ist zurück

der Wind bittet zum Tanz

Botschaft und Form

I

Ich höre deine Vorwürfe aber was ist falsch
an einer Landschaft unverblümter Kargheit
lindgrüne Salzwiesen soweit das Auge reicht
einzelne Birkenstämme schlank aufragend
als spärliche Wegmarken ein blassblauer Himmel
ungebrochen und wolkenlos ein leichter Wind
der Halme bewegt?

ein purpurroter Gedanke wäre Sensation

II

Worte mit der Möwenfeder in das feuchte Watt geritzt
darauf die Geste der See die mit kalter Welle
die Lettern verwischt sich scheinbar gleichgültig zu-
        rückzieht
und am Spülsaum entlang Hunderte entleerter Kalkge-
        häuse
von Herzseeigeln zurücklässt die Gischt mackiert
den Schaumschläger

aber ich erkenne deine Antwort

III

vier in Rot gepinselte Worte auf einem Stück Treibholz
in fremdländischer Sprache gefunden beim Strandgang

vielleicht verzweifelte Botschaft eines von Piraten Ent-
führten
im günstigen Moment durchs Bullauge der See überge-
ben
finden in der Nachwelt babylonischer Verwirrung

viele Leser aber kein Verständnis

Epilog

das hingestreckte Flügelwort eines verendeten Kormo-
rans
die Partitur der Strömungswellen auf dem Watt
die bewegte Schrift der Dünengräser das Böengedicht:

Brief des Eilands an den verwehten Wanderer
der die Geschichten findet mühsam entziffert
Zeichen um Zeichen barfuss das Herz im Wind

Die Gezeiten rollen

Die Gezeiten rollen
über den Planeten unbeeindruckt
von den bizarren Kristallstufen
waffenstarrender Kreuzer
babylonischen Containertürmen
eingebildeten Grenzen
die durch uniformierte Köpfe
und auf Landkarten verlaufen
der Mensch nur ein Schaumschlag
im stetigen Auf und Ab
der Wasserberge und Wellentäler

die Liebe der See gilt
dem alten Mann
dem ewigen Wanderer
mit den meteoritenzerfurchten Narben
ihm streckt sie sich entgegen
gezogen von seiner Sehnsucht
um dann wieder zurückzuweichen
aus der unsichtbaren Umarmung
und die Vereinigung bleibt Traum
bis zu dem Tag
an dem alle Welten
ineinander stürzen

Windstärke 0

Der Fischkutter schrammt
über das steingraue Plateau der See
wie Kreide über eine Schiefertafel
die Möwen fügen
das markante Geräusch hinzu

ihre Schreie sind zugleich
scharfe Schnitte mit dem Cutter
in die Leinwand der Stille

dahinter öffnet sich
ein weiter lichtloser Raum
die Seeleute vermeiden
hineinzusehen zu groß
wäre die Verlockung

in der Tiefe unter ihnen
zieht ein Schwarm Heringe vorüber
wie eine ausgekippte Schublade
Silberbesteck

mit scharfen Wendungen
verlachen sie die ziehenden Netze
und wenden sich schließlich
tieferen Zonen zu unerreichbar
und erfüllt mit Dunkelheit

Elektron auf Spiekeroog

Am Abend das Schwalbenquartett
auf der Oberkante der Tür des Waschhauses
träumt vom Süden während der Nordwest
über die Dünen pfeift

am Tage der Regen trommelt auf Leinen
Blau bricht durch ein kurzer Sonnenschauer
ein schwarzer Wolkenturm droht zu kippen
der Himmel erschauert mit grauem Gesicht

in der Frühe das Auge des Bernsteinjägers
sucht den Spülsaum die Rillenschrift im Watt ab
oh Elektron über die Ostplate durch Sturm
und Regenfäden wegen dir einen Priel durchwaten
gegenüber der Westturm winkt fünfzig Robben
Alte und Heuler huschen in die Fahrrinne
und nichts liegt dort und wieder nichts

am Abend sich erschöpft zu Schwalben
gesellen ein Quintett leise zwitschernd
auf der Oberkante der Tür des Waschhauses
vom Süden träumen während der Nordwest
durch den Schlaf pfeift

Krähenbuche

In diesem Baumstamm
sitzt ein uraltes zerfurchtes Gesicht
aus seinem Haupt
wuchern knorrige Äste und Zweige
verworrene Gedankengänge
die doch nur ein Richtung kennen:
zum Himmel empor

manchmal sammelt sie ihr Laub auf
das rund um den Stamm verstreut liegt
wie verworfene Notizen alter Ideen
mischt es mürrisch
und legt es als Tarotdeck vor sich hin
doch wenn sie aufblickt
sieht sie weiße Schleier
aufsteigen aus dem Moor

nur die Krähen
die in den Zweigen
mit sinistren Reimen wetteifern wissen
jeder Buchecker ist schon
die Fäulnis beigemengt

Heimat 2

In den Fenstern der See
sind die grauen Gardinen zugezogen
davor blühen die weißen Blumen
der Gischt

ich starre auf die Wellen
wie ein Schuljunge der im Lichtspalt
die nackte Haut der Nachbarin
zu erhaschen sucht

und warte auf dein Klopfen
an der Tür meines Schneckenhauses
in der Spülsaumgasse bevor
die Flut kommt

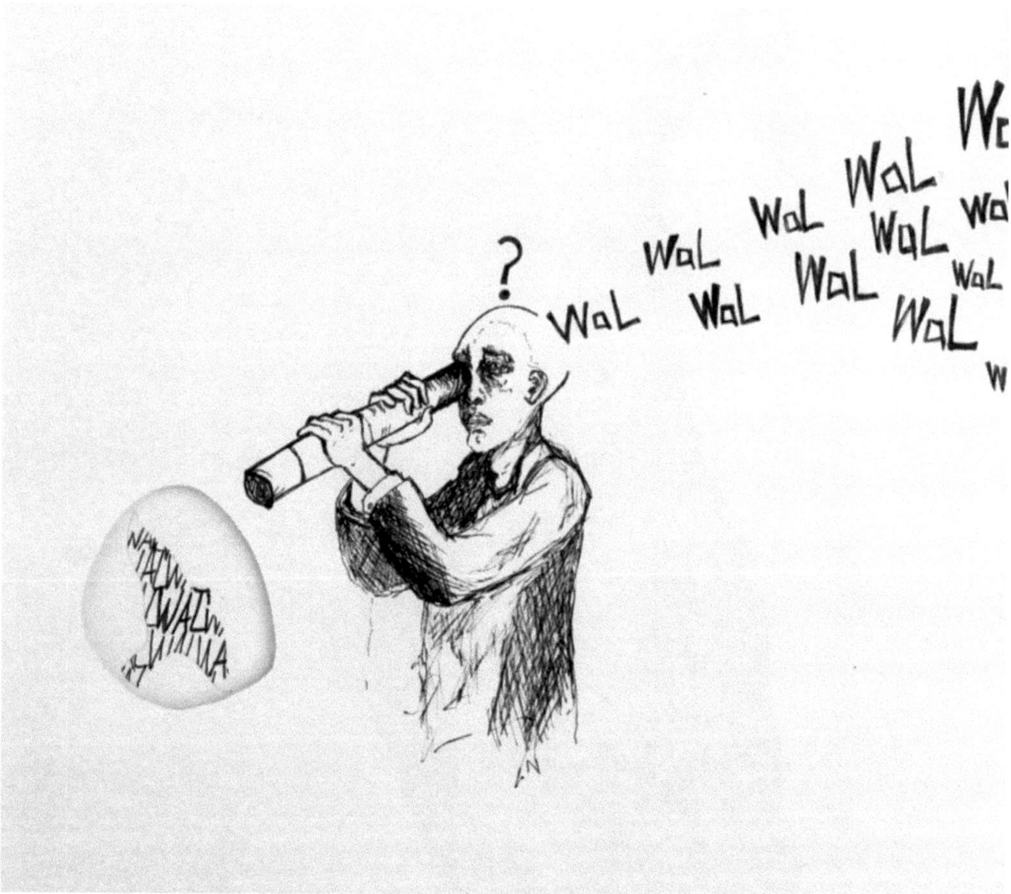

Abschied vom Sommer

I

Der Blick durchs Dachfenster
wird zerwirbelt durch Schwärme von Staren
die unter wildem Kommando
unter dem Herbsthimmel vorüberkreuzen

würden sie plötzlich innehalten
eingefroren in der Bewegung
bildeten ihre schwarzen gefiederten Körper
Schriftzeichen auf blassblauem Seidenpapier

ein Abschiedsbrief an den Sommer

II

O Sommer

lass mich dich noch einmal umarmen
umhüllt vom Atem der Sonne
und so stehen mit geschlossenen Augen
am Strand mit hundert anderen deren Träume
nur eine Richtung kennen – zurück zum Meer

auf das Watt will ich mich betten
und die Flut soll rauschen über mich
ich werde mit glitzerndem Schuppenkleid

empor stoßen wie ein Wildlachs
mich prustend ins Licht wuchten
um dann ruhig auf dem Rücken liegend
von Wellen getragen der Insel zuzutreiben
wie ein alter vom Salzwasser gegerbter Baumstamm

am Abend laufen wir dann den Strand entlang
von Feuer zu Feuer und spät noch durch alle Wege
von Ost nach West in den langen Lichtstrahlen
einer Sonne die niemals unterzugehen scheint
in ozeanischen Tagen ohne Zeit und Plan

III

all diese Wege sind nun begraben unter Laub
die Linde hält am letzten Blatt noch fest
wie Adam am Feigenblatt bis sie endlich entblättert
sich zurückzieht tief unter Tage ins Wurzelwerk

hinter hochgestellten Mantelkrägen ist nur Flüstern
ein kalter Wind weht durch die Zimmer der Träume
und schlägt die Türen zu die Dunkelheit
macht nicht halt die Fähre steht zur Abfahrt bereit

dreht euch ihr Jahreszeiten dreht euch schneller
ich der ich bald hinter vereisten Fenstern harre

Sommer ich warte

Winterloog

I

Unter den Kielen der Fähren
wandelt sich das Wasser
es wird träge bis zum Stillstand
als hätte es Gicht
die Wassermoleküle verkleistern
nur mit Mühe strecken sie ihre Glieder
um dann zu Schollen zu erstarren
im Hafenbecken stapeln sie sich
in– und übereinander
ein vergessener Hof mit Bruchstücken
eines geborstenen Mondes

die Fähren legen sich schief
im Eishauch aus Nordwest
bekommen sie trübe Bullaugen
die Gangway
festgefroren auf dem Kai
atmet in ihrem Winterschlaf
nur ganz flach noch im Rhythmus
von Ankunft und Abschied

der Himmel darüber
eine wolkenbestickte Tischdecke
in zerschlissenem Blau
auf der die Sonne sitzt
wie eine alte Teekanne
aus chinesischem Porzellan

II

mancher Wintertag kentert
wie ein Boot
das beladen mit zuviel Schnee
Schlagseite bekommt
und nun im Dämmerungsmeer
versinkt

zwischen zerfurchten Bahnen
das verschneite Dorf
am Rand zunächst
wie eine Fortsetzung der weißen Dünen
um sich dann zu einem Scherenschnitt
aus einem Wintermärchen
zu verdichten

auf den Schornsteinen
tanzt in fahlen Gewändern
der Rauch der Kachelöfen
eine Pantomime der Traumgeschichten
der tief darunter Schlafenden
in verstaubten Regalen sind
zwischen dem Friesisch Blau
Hass und Neid Liebe und Vertrauen
abgelegt wie Fossilien verdrehter
Wellhornschnecken

III

nach einer Nacht
wie behauchtes Glas
und Stunden dichten Schneefalls
Strand und Sandbank

wie eine Eiswüste am Polarkreis
die wenigen Figuren darin
gleichen Versprengten einer Expedition
Nansens auf der Suche
nach dem Nordpol

da verlockt Aurora
mit plötzlicher Lichtflut
den Kopf hervorzustrecken
aus der Vermummung
bis eine pechschwarze Wolkenwand
zwischen den Dünen hervorspringt
wie ein Wegelagerer
jeden Wanderer niederpeitscht
mit einem Eishagel
jedem Versucher einbläut:
jeglicher Frühling
ist noch fern

II.

In der Dünung der Träume

Auf dem Nachtmeer

Nachts in unseren Betten
liegen wir wie zwei Ruderboote
in einem alten Sielhafen
spärlich beleuchtet
von umliegenden Pinten
und den verstaubten Laternen
der Krabbenkutter
in der sanft plätschernden Dünung
der Träume schaukelnd
berühren wir manchmal einander
und ahnen morgen
steuert jeder
eine andere Insel an

Auf deinem Meer

Auf deinem Meer
kann alles ein Boot sein
der auf den Kopf gestellte Tisch
ein Stuhl das schwankende Bett
der große Kochtopf für das Sanddorngelee
deine zu einer Schale
zusammengelegten Hände
in die ich mein Gesicht bette
mit geschlossenen Augen

mit blindem Vertrauen
steche ich mit einer Nussschale in See
überlasse mich dem Sturmwind
den aufgetürmten Wellen
den Strudeln und dem Malstrom
habe als Anhaltspunkt nur
eine verschwommene Erinnerung
aus einem alten Traum
und finde doch die eine Insel
mit diesem bestimmten Strand

hier gehe ich von Bord
zerzaust durchnässt und doch froh
denn ich höre die Sandrose sprechen:
hier bist du einst
vor Urzeiten aufgebrochen
und nun endlich heimgekehrt

Metamorphosen

Im Röntgenlicht des Mondes
wird die innere Struktur
aller Lebewesen sichtbar

vor den Sturmfenstern
des Wellhornhauses
reckt sich das Skelett der Linde
den kalten Sternen zu
umschwirrt von den zerbrechlichen
Gerippen der Fledermäuse

⋆

in jener Nacht sahst du mein Herz
zum Tektiten gewandelt
als der Meteorit deiner Liebe
in meine Brust einschlug
selbst meine Tränen
wurden zu Gesteinsglas
grün wie Moldavit
du nahmst es dir und legtest es
zwischen Carneol und Bernstein
in den alten Holzkasten
deiner Mineraliensammlung

⋆

die Morgensonne
über der Ostplate
erfindet die Welt neu
gibt allem Sein Fleisch
und Farbe zurück

schau unter den Deckel
aus dem amorphen Stein
ist ein warmes Pelztier geworden
mit einem gewaltigen Puls

Treibgold

Mein Kern ist aus Holz
nur durch die Berührung deiner Hände
spüre ich meinen Körper

jede Nacht treibe ich auf dem Meer
wie ein Stück Treibgut
an welchen Strand welche Insel
wird die Welle mich werfen

ich warte darauf
dass dein suchendes Auge mich findet
mich aufnimmt nach Hause trägt
mich bettet auf ein Lager
mit den Fingern
die Maserungen nachfährt

denn mein Kern ist aus Holz
nur durch die Berührung deiner Hände
spüre ich meinen Körper

Rausch

Der Strand spannt
die Hosentaschen des Meeres mit kurzen Bunen
ich drifte wie ein abgerissener Sanddornbusch
über den gebleichten Sand langsam verfolgt die Sonne
ihren Weg über meine Stirn schiebt sich
auf mein Gesicht die Hitze legt kleine Wellen
auf meinen Leib

Möwengekreisch stürzt
aus dem Antlitz der Sonne das Meer stemmt sich
allmählich mir entgegen das Gewicht
des Lichtspeers lässt den Atem der Sonne anschwellen
grellrotes Leuchten schießt auf aus einer Glasscherbe
Fäuste in den zarten Falten der Muschel

bei jedem Pulsieren der Sonne
beiße ich in die Muschel legen die Fäuste
ihr Gewicht auf mich ergießt sich der Lichtspeer
auf den Sand auf das Antlitz der Sonne
bedeckt das Meer meine Stirn und ich fühle
den Atem triumphieren die dunklen Zähne
aufeinander gepresst

Traumkrumen

Möwen die Gefährten
der Wolken und des Windes
taxieren mit scharfem Blick
die Welt unter ihnen
und ordnen sie in Essbares
und Unverdauliches

darunter gebärdet sich das Meer
wie eine Herde Mustangs
denen der Schaum
vor den Nüstern steht
begleitet von stetem Schnauben
und Stampfen suchen sie
nach Halt im Sand

ich strecke ihnen
meine Handfläche entgegen
füttere sie
mit den Brotkrumen meiner Träume
bis der alte Wanderer
sie zurücktreibt
zu ferneren Weidegründen

alles was mir bleibt
sind die Dünenpfade heimwärts
ins alte Dorf hinunter
während sich die Möwen hinter mir
um die letzten Traumkrumen streiten

Reise auf dem Kanal

Manchmal am frühen Morgen
treibe ich zwischen Schlafen
und Erwachen
wie ein alter Lastkahn
zwischen zwei Schleusentoren
beladen mit den Bildern
aus dem letzten Traum

dann springt das Lichtsignal um
das vordere Tor öffnet sich
zögernd wie ein Lid
ich erwache und gleite voran
in den neuen Tag

vor mir erstreckt sich
eine weite Landschaft
durchzogen von schimmernden Flüssen
wie aus Quecksilber gegossen
darüber wölbt sich
ein blauäugiger Himmel
wie ein Versprechen

leise tuckernd fahre ich
auf meinem Kanal
unauffällig und pflichtbewusst
die Bugwelle bricht sich
an der befestigten Kaimauer
ein munteres Spiel
schäumenden Wassers
aber nicht zu forsch

es gibt keine Abzweigung
durch die verlockenden Hügel
und dunklen Wälder
nur die begradigte Bahn des Kanals
mit seinem schwarzen Wasser
verdrängter Erinnerungen
und der grauen Mauer der Scheu
auf Steuerbord und Backbord

gelegentlich mache ich fest
in schemenhaften Häfen
lösche meine Fracht wie ein Vergessen
und nehme neue Ladung auf
Eindrücke die mich bewegen
dann geht die Fahrt weiter
ein leises Tuckern ein stetes Gleiten
mit einfachen Gedanken

doch wenn ich tief im Bauch des Kahns
in meiner Kajüte Seekarten studiere
oder auf der Brücke stehe
und sich der Blick am Horizont festhakt
dann schäumt die Hoffnung hoch
dieser Kanal möge irgendwann münden
sich donnernd ergießen
in den großen endlosen Ozean

Springflut

In der Nacht kam das Meer über mich. Unter dem Bett und dem Schrank quoll es als kleines Rinnsal hervor, um dann unvermittelt anzuschwellen wie in einer Springflut, bis es schließlich das Zimmer ausfüllte bis über die Deckenlampe und mich mit einer starken Strömung hinfort riss. Ich wirbelte um mich selbst wie eine Krabbe mit ausgestreckten Gliedern und Scheren, trieb davon mit einer Schleppe aus Luftblasen.

Nach Tagen warf mich das Meer an den Strand einer fernen Insel. Alle Wesen und Formen ringsumher erschienen unscharf und flimmernd wie hinter Milchglas. Wer mochte hier herrschen mit seinen Zauberkünsten?

Ich streifte auf der Insel umher wie der Geist eines Ertrunkenen, wechselte die Gestalt, war Stranddistel, Robbe, Möwe oder alter Fischer, blieb aber stets in der abgeschlossenen Blase der Isolation.

Endlich gelang es mir, in der Existenz des Fischers zu verharren. Ich löste alle Leinen, hisste die Segel und kreuzte ein Jahr über die graublauen Scherben eines Porzellanmeeres. Schließlich legte ich am hinteren Schott meines Bettes an und schlüpfte in den sicheren Hafen eines Traums. Am Morgen aber erwachte ich als Herrscher der Insel.

III.

Unter dem Banner

Unter dem Banner

Ein Krabbenkutter pflügt
durch die graugepflasterte See
die Netze weit hinausgehängt
auf der Jagd nach Sommererlebnissen
aus der Ferne wirkt
der Bootsrumpf geformt
aus gebräunten Leibern

ein Schwarm Möwen
hängt an seinem Heck
wie ein flatternder grauweißer Schleier
immer wieder scheren einzelne Fetzen
aus dem Verband aus
um sich sogleich wieder einzuweben
sie alle sind eingeschworen
unter dem Banner der Fressgier

am Abend kehren sie heim
gehen durchs Dorf mit Seemannsbeinen
als müssten sie die Schwankungen
ihres Daseins ausgleichen
sie schließen die grünen Türen hinter sich
ziehen die Vorhänge zu
und würgen auf den Tisch
was sie verschlungen haben
begleitet von rhythmischem Flügelschlagen
und Schnäbelhieben ins Gefieder
der Familie klingt der Tag aus

nur ich schwebe
auf gleichmäßiger Bahn
durch Straßen und Dünen und weiß
wenn ich am Wort leide
du bist der Anker
der mich auf der Reede
des Lebens hält

Träume aus dem Wellhornhaus

I

Dämmerung senkt sich
wie ein Theatervorhang auf das Dorf
ein leichter Wind von Nordost
streicht durch die Straßen
trägt Klänge heran
wie von einer steinernen Gitarre
Möwen an den Krallenbeinen gebunden
hängen kopfüber an den Kupferrinnen
der alten Inselhäuser
ihre Augen zucken hin und her
in ihrer Gier ihre Schnäbel öffnen sich
schnappen zu ohne Laut
ein Mann wie ein Schattenklumpen
quietscht auf einem Fahrrad vorbei
zerfällt zu einer Schaufel Dünensand
der im nun anhebenden Wind zerstiebt
ein Rascheln geht durch die Häuser
wie von hundert gestärkten Tischdecken
alle Möwen seufzen nun
in einem einzigen tiefen Ein– und Ausatmen
und sagen nur diesen Satz:
finde Glück im Schneckengang

II

Bernsteine am Oststrand
am Spülsaum am Rand der Priele
als I–Punkte in der Rillenschrift
als wäre ein Urwald aufgebrochen
am Meeresgrund

ich stakse dazwischen umher
und vermag mich nicht zu bücken
mein ganzer Körper starr
wie ein Zweig in einem Sanddornstrauch
Kinder die Gesichter glatte Scheiben
huschen um mich herum
und sammeln das steinerne Harz
wie Honigbonbons stecken es
unentwegt in schwarze Mundöffnungen
und ich höre es knacken
zwischen ihren Backenzähnen

III

das Fischerdorf am Morgen
in großer Höhe darüber wirbeln
in einer dunklen Wolke
gigantische Hochhäuser
wie die Luftspiegelung einer Metropole
Männer Frauen Familien
regnen daraus herab wie schwarze Früchte
landen in den Gassen
mit mürrischen Gesichtern und lassen
mit monströsen Fotoapparaten
die alten Häuser samt Bewohner verschwinden
saugen sie auf mit den gierigen Objektiven
bis sie inmitten einer Einöde stehen
manche lachen sich verschmitz zu
ziehen Kulissen aus Pappkarton aus den Taschen
perfekte Nachbildungen der alten Häuser
und postieren sie zwischen die Dünen
nach ihrer Fasson wandeln nun zufrieden
und mit satten glänzenden Gesichtern umher
wie die Besucher eines Jahrmarkts
bis vom Himmel herab ein Horn ertönt
und alle nacheinander aufsteigen

wie die kleinen Schirme des Löwenzahns
zurück bleiben die Geisterkulissen
durch die der Nordwest pfeift und alles
nach und nach mit Sand bedeckt

Das Dorf der Ertrunkenen

Drinkeldoden Dörpfest

Wir steigen ein in den Zug am Meeresgrund und fahren zum Dorf der Ertrunkenen; die Häuser ein Kreis zerfallener Wracks, überkrustet mit Seepocken und Rostbuckeln, die Dorfmitte eine Ebene sanft aufgeworfenen Sandes, ausgelegt mit Austernschalen.

Wir steigen aus und gesellen uns dem Dorffest zu, reihen uns ein in taumelnde Walzer, hin- und hergerissen in der unterseeischen Strömung; unsere Tanzpartner zerfetzte Körper mit leeren Augenhöhlen, aus denen Aale glotzen und sich wiegen im Takt, die Tanzschuhe aus Krebspanzern, die Ballkleider aus Seeanemonen.

In diesen graugrünen Zonen, durchschnitten von schräg einfallenden Lichtbahnen, geschieht alles in Zeitlupe. Wir treiben aufeinander zu, umkreisen uns, stoßen uns schlenkernd ab und landen von Spiralen aus Luftblasen umhüllt im weichen Sand, die Gesichter im stummen Lachen verzerrt.

Wir vergessen die Zeit und alle Geschäftigkeit der Oberflächenbewohner. Wir verpassen die Abfahrt des Zuges, die Rückkehr in die Welt der großen Aufgaben. Wir tragen uns ein in das Buch, das uns der alte Käpt'n reicht, flankiert vom Vormann Hein: Willkommen an Bord ihr Landratten, ihr verdammten Flundern! und zum Scherz: Ab in die Wanten!

Gemeinsam überlassen wir uns wieder der Strömung, dem atemlosen Tanz, dem gedankenlosen Taumel und alle Erinnerungen entweichen in silbrigen Blasen, steigen auf um unter einem fernen Himmel zu zerplatzen.

Sailors Blues

Ein junges Leben segelt fort
und eine Familie bleibt zurück
für Jahre

I

am Strand
liegen unzählige Sepiaschalen
weiß gegen die Dämmerung
wie die verkalkten Reste
vergangener Gespräche

über den Dünen
zetern Austerfischer
gegen ihre ungelenke Trauer
über das verlorene Nest

am Spülsaum
durchdringen Augen den Nebel
und biegen den Horizont zu Schleifen
ohne Anfang und Ende

II

der Hafen bleibt hungrig

der Poller am Kai sehnt sich
nach der Reibung des Tampen

Briefe gesendet
aus den weißen Flecken der Seekarten
erzählen nichts

der Ratschluss der Familie
am runden Tisch erzielt
kein Ergebnis

III

die Zeit ist ein Ozean

ein weißes Segel
durchsticht den Horizont
zeichnet sich ab
scharf gegen das Blau
sprühend und mit Mühe nur
zu zügeln wie ein junger Schimmel

alte Augen schauen
und wenden sich ab
im steingrauen Fossil der Iris
ist kein Willkommen

IV

alle Menschen sind Seefahrer

Odysseus in der Südlichen Nordsee

Aus dem Logbuch:

I

entlang der sieben Inseln
manövrieren wir durch Sandbänke und Untiefen
unser Segler scheu und zögernd wie ein Pferd
das eine Natter im Gras wittert
scheinbar wahllos gesetzte Pricken
sollen Priele und Fahrrinnen kennzeichnen
doch wir spüren unseren Kiel
ständig über sandigen Grund rutschen
die Sinne verwirrt vom Sirenengesang
der in den Obertönen über dem steten Rauschen
des Nordwestwindes zu erahnen ist

II

dieses Meer gibt nichts
von seinem Inneren preis undurchsichtig
von schwebenden Schlickteilchen hält es
seine Stimmungen und Absichten im Verborgenen
Tag für Tag wendet es uns das graue Gesicht
eines uralten Seemannes zu und schaut uns an
mit den dunklen Augen der Ertrunkenen
mit spiegelglattem Lächeln gaukelt es
großväterliche Ausgeglichenheit vor
um sich dann unvermutet zu erheben
und alles zu verschlingen
mit dem unersättlichen Schlund
eines Zyklopen

III

wenn ich das linke Auge zukneife
kann ich den Westturm der ersten Insel
zwischen Daumen und Zeigefinger nehmen
ein dunkler Turm im Gegenlicht
gleicht er einer drohenden Festung
mit seiner Spitze scheint er
die schwarzen Wolken
auf ihren Bahnen zu ordnen
und gegen die Schiffe zu senden
welche Ungeheuer
wohl in ihm hausen ich sollte
ihn zerquetschen

IV

an diesem Tag hat uns ein heftiger Sturm
auf den Oststrand der zweiten Insel geworfen
wir warteten auf die Flut um wieder freizukommen
aus der Umarmung von Schlick und Sand
in der Nacht kamen die Inselbewohner
zwischen den weißen Dünen hervor
und nahmen all unser Hab und Gut
alles was uns blieb ist unser nasses Hundedasein
und ein kleines Boot mit dem wir diese unwirtliche
           Welt
hinter uns lassen für immer

Der Fischer und seine Frau

Es ist Flut. Am Spülsaum kniet die Frau des Fischers im feuchten Sand. Sie spricht mit dem großen Fisch, dessen Schuppen so blau wie diamantenes Feuer, die Augen tellerrunde schwarze Fenster in den Abgrund der Wünsche, die Lippen feuchte Wulste greiser Verruchtheit, das Haupt verziert mit einer kleinen goldenen Krone, schief zwischen weißen Runzeln.

In ihrem vertraulichen Gespräch von weißen Schleiern aus Seenebel umflort, hält die Frau den Kopf gesenkt in ihrem mühsamen Flüstern. Der Fisch hat sich seitlich ihr zugewandt wie ein Beichtvater der armen Sünderin, lauscht mit geschlossenen Augen der Offenbarung ihres innersten Verlangens, mit wissendem Lächeln gelegentlich verständnisvoll nickend.

Weit draußen auf See starrt der Fischer auf seine rissigen Hände, schleudert dann entschlossen im weiten Bogen sein Netz hinaus und wird im nächsten Moment über Bord gerissen, die Maschen verfangen an den Zinnen eines unterseeischen Schlosses. Die Hände zu Klauen verkrampft vermag er nicht loszulassen. Er wird hinabgerissen in die Tiefe, eskortiert von Robben, die in ihren fließenden Bewegungen verdichtetem schwarzen Wasser gleichen.

Das Schloss im dunklen Abgrund ist von innen durch Laternen aus weißen Schollenbäuchen erleuchtet in einem bläulichen Licht, das die transparenten Mauern aus Quallenhäuten durchdringt. An der Zugbrücke steht der Klabautermann mit einem Lachen wie aus tausend Knurrhahnmäulern.

Der Fischer erreicht ihn und fragt: Warum kann ich atmen? Ein Geschenk des Königs! Wann kann ich heim? Nimmer mehr! Der Fischer blickt über die Schulter wie durch zahllose wässerige Linsen und sieht seine Frau am Spülsaum. Ihre Lippen pressen sich auf das schleimige Fischmaul, und sie zieht mit den Zähnen eine lange Perlenkette heraus. Er wendet sich ab und treibt von einer Strömung erfasst in die inneren Gemächer des Schlosses, und seine endlosen Tränen versalzen die Nordsee bis heute.

IV.

Im Herzen Land unter

Fahrradspuren im Sand

für Jochen

Ich habe mein Auge auf Bernstein geeicht. Selbst im blassen Schein einer herbstlichen Morgensonne, wenn sie mühsam wie eine alte Frau die Himmelsleiter erklimmt, erspähe ich das charakteristische Blitzen jedes noch so kleinen Splitters, auch die von der nur schwer zu erkennenden dunkelroten Färbung, eingebettet im feuchten schwarzen Sprockholz am Rand der Priele.

Wie viele Morgende bin ich schon hier gegangen oder gefahren auf dem harten Sandstreifen, wo das Watt in den Strand übergeht, mit dem alten Hollandrad mit den vom Salzwasser zerfressenen Felgen, vom Hauptstrand gen Osten, immer auf der Suche. Nur selten geht der Blick in die Ferne, sofort kehrt er zurück auf die Wattrillen, in die kleinen von der Flut gefüllten Becken, an die Spülsaumkante, und natürlich ist da die Hoffnung, den einen Bernstein, das Prunkstück, zu finden, ein Handstück wie aus Honig und Butter, 100 Gramm schwer mindestens, direkt aus der Schatzkammer Neptuns an den Strand geschleudert.

Nur, da ist diese eine Sache, die jede Hoffnung im Ansatz schon untergräbt. Früh stehe ich auf, sehr früh, und doch spielt es keine Rolle, wie sehr sich auch die Zeiger der Uhr in die Dämmerung zurückverbiegen, wenn ich den Bohlenweg hinunterrolle zum Strand, immer ist da schon diese Fahrradspur. Mehr oder weniger deutlich in den Sand gefurcht verliert sie sich im blassblauen Dunst der Ostplate und mein Blick folgt mürrisch ihrer sich schlängelnden Linie. Ich stelle mir vor wie sich jemand dort draußen bückt und Bernsteinstücke aufklaubt wie Fallobst vom Weltenbaum Yggdrasil und schon möchte ich resignieren, nach Hause zurückkehren ins warme Bett an den Rücken meiner Liebsten. Natürlich fahre ich trotzdem, folge der Spur. Es ist ja wunderschön hier so zu fahren, rede ich mir ein, und tatsächlich finde ich hier und da kleine Stücke wie zurückgelassene Brosamen.

Viele solcher Momente kurz vor Tagesanbruch reihen sich nun schon aneinander, wie ich alleine dort stehe, gedankenvoll und verhöhnt vom Lachen der Möwen, bis zu jenem bestimmten Morgen. Wieder habe ich mich früh aus dem Bett gemüht, kurz vor Sonnenaufgang radle ich den Slurpad hoch zum Strand mit der zaghaften Hoffnung, der erste zu sein, und natürlich ist da wieder die Fahrradspur, und natürlich folge ich ihr wieder unverdrossen. Schweigend fahre ich am Watt entlang, habe nur einen kurzen, anerkennenden Blick für die aufgehende Sonne, prüfe aufmerksam kleinere Felder von Sprockholz, umrunde mit Salzwasser gefüllte Becken, durchquere seichte Priele, das Fahrrad geschultert, finde drei vollständige Gehäuse der Wellhornschnecke, eine prächtige Islandmuschel, aber nicht eine goldene Träne der Saftkiefer. Schließlich passiere ich die wenigen aus dem Sand ragenden Metallplanken des Wracks der Verona, auf die das Salzwasser seiner rostigen Bilder der Vergänglichkeit gemalt hat, und sehe dich mir entgegenradeln, auf der anderen Seite des großen Priels, der sich von der Ostspitze in den Strand gefressen hat, den du anscheinend irgendwo da hinten überquert hast, und du hebst die Hand im Vorüberfahren. Ich erwidere den Gruß und spüre, wir sind beide gleichermaßen verdammt in unserer Leidenschaft. Ich versuche Anhaltspunkte zu finden, eine ausgebeulte Tasche vielleicht, die auf fantastische Funde rückschließen lässt, und sehe dir noch eine Weile nach, wie deine Gestalt sich langsam entfernt, kleiner wird, und ich denke, schon bald sitzt du beim Tee mit Stövchen und Kluntje am Frühstückstisch und begutachtest deine Funde. Aber ich will noch nicht umkehren, ich will weiterfahren, wenigstens bis zum Ende, wenn ich schon so weit gekommen bin. Ich schaue nach rechts über die weite Sandebene der Ostplate bis zu den Dünen, auf denen die schwarze Bake thront. Links von mir plätschert leicht die See in ihrem nunmehr tiefsten Stand, bald kippt die Tide und das Wasser läuft wieder auf, ich sollte mich etwas beeilen, wenn ich das Fahrrad auf dem Rückweg nicht durch tiefen Sand schieben will. So trete ich in die Pedale, folge der hier recht tiefen und deutlich ausgeprägten Spur deiner Reifen, den Blick gesenkt zum feuchten, mit Muschelfragmenten gemusterten Sand. Zunächst begreife ich es nicht richtig, ich halte an, starre eine Weile, vielleicht eine Ewigkeit, steige ab, gehe langsam in die Hocke. Da liegt, von deinem Vorderreifen tief in den Sand gepresst, ein Bernstein. Ein Stück wie aus einem dieser Fachbücher, die man so oft neidvoll durchgeblättert hat, honiggelb und groß wie ein Handteller. Du bist einfach darüber hinweggefahren. Vielleicht wurdest du abgelenkt vom Schrei einer Möwe, oder einer forschen Robbe, die unweit vom Strand ihren grauen Kopf aus den Wellen streckte. Ich muss es fast ausgraben, so steckt das Stück im Sand, hebe es atemlos hoch und halte es gegen die Morgensonne, die hindurchscheint und sein Innenleben erleuchtet. Einige Minuten starre ich so und stecke das Stück schließlich in meine Jackentasche. Ich fahre tatsächlich noch bis zum Ende, schaue hinüber nach Wangerooge, aber bin kaum richtig anwesend, immer mit der Hand in der Jackentasche in Kontakt mit meinem Fund.

Es bleibt bei diesem einen Stück und ich kehre schließlich zurück nach Hause, wecke alle hier noch Schlafenden und präsentiere stolz das Prachtstück, ernte anerkennende Ausrufe und muss natürlich die Umstände des Fundes erzählen. Lange lag das Stück dann in einer Keksdose und ich habe es irgendwann verschenkt, das Wesentliche war wohl der Akt des Findens.

Ich bin dann nur selten noch früh morgens an den Strand gefahren, das erste Mal nach vielen Monaten. Ich meinte, mehr gibt es nicht für mich, Neptun hat mir meinen Anteil ausgezahlt. Erst später begriff ich, dass es dort etwas gibt, das sich zu finden lohnt, was du nicht in eine Jackentasche stecken kannst.

Fischgedanken

Bei einem Kopfsprung in die graugrünen Wogen der See bei auflaufendem Wasser unten am Nordstrand, unterhalb der schwarzen Bake, schlüpfte Johann eine Makrele ins Haar, nistete sich dort ein, schuf sich ihr eigenes Biotop.

Sein Haar wirkte ab diesem Moment immer seltsam feucht, als wäre er gerade dem Meer entstiegen. Feine Rinnsale aus Salzwasser liefen ihm beständig über die Stirn, die Wangen und in den Nacken hinab. Die Makrele herauszubürsten, brachte er nicht übers Herz. Wieder zuhause in seiner Heimatstadt gewöhnte er sich stattdessen an, ein Tuch bei sich zu führen, mit dem er sich regelmäßig Gesicht und Nacken abtupfte, wie ein übergewichtiger Inspektor in einem alten Schwarzweißfilm.

Johann akzeptierte den kleinen Fisch in seinem Haarwust und ohne dass es ihm bewusst wurde, mischten sich nach und nach Fischgedanken zwischen seine Gedanken. Er genoss es zunehmend, ruhig und ohne tiefsinnige Grübelei mit dem Strom durch den Alltag zu schwimmen. Er gliederte sich gerne in große Menschenmengen ein wie in einen Schwarm, bewegte sich mit ihnen bald hierhin, bald dorthin, ohne festes Ziel. Bei drohender Gefahr, einem Autohupen zum Beispiel, vollführte er seltsame schlängelnde Bewegungen in alle Richtungen, kopflos, bis er sich wieder in eine Gruppe einfügen konnte und mit ihnen davon trieb. Geriet er in einen Schwarm, der bestimmte Pläne und Ziele verfolgte, erklärte er sie sofort zu seiner Mission, auch wenn sich ihm deren Sinn nicht erschloss, und ordnete alles Handeln und Denken dem Wohl seines Schwarms unter. War er jedoch allein in seiner Wohnung, wurde er schnell schwermütig. Er schaute in den Spiegel und erahnte ein großes, rundes Auge, das ihn aus dem Filz seiner Haare anglotzte. So beeilte er sich, der Einsamkeit zu entkommen, und fügte sich unverzüglich in eine Gruppe ein.

Ein Schwarm hatte es ihm dabei besonders angetan. In seiner Gemeinschaft fühlte er sich wohlig aufgehoben. Selig lächelnd lauschte er den Worten der anderen und nickte dazu auf Geheiß. Sie waren wie eine lang entbehrte Familie, und die Wärme ihrer schulterklopfenden Anerkennung ließen seine Flossen erzittern. Oft liefen sie laut blubbernd durch die Stadt, vollführten Handlungen als wären sie Raubfische und erschreckten andere Schwärme. Er genoss die neu entdeckte Stärke und das Lachen der anderen.

So ging es Wochen, bis er sich mit seinem Schwarm vor einem großen Gebäude wiederfand. Eine unerträgliche Hitze ließ das Salzwasser in seinem Haar fast verdunsten und eine gewaltige Furcht erfüllte ihn. Die Hitze entströmte dem Gebäude, das lichterloh brannte. Andere aus seinem Schwarm warfen mit großen Steinen. Ringsherum gab es ein Gewirr aus schreienden Menschen und heulenden Sirenen. Er schaute an sich herunter und sah, dass auch er einen Pflasterstein in Händen hielt. Ihm war, als würde er aus einem langen Traum erwachen. Er ließ den Stein fallen und rannte davon durch die Kanäle der Stadt. Schließlich erreichte er atemlos seine Wohnung, ließ die Haustür hinter sich zufallen und trat vor den Spiegel, zunächst mit geschlossenen Augen. Langsam öffnete er sie und starrte in das große runde glotzende Auge. Die bislang so übermächtig empfundene Furcht weichte nun einer zerrenden Sehnsucht. Das Spiegelbild flimmerte leicht und das Glas wurde zu einem Fenster, das den Blick auf eine weitläufige unterseeische Landschaft freigab. Durch den graugrünen Dunst der Fluten bewegten sich glitzernde Schwärme und einzelne größere Fische wie durch die gewaltigen Räume eines versunkenen Domes. Johann schien nun selber durch diesen Dom zu eilen, über gefurchte Sandflächen und endlose Tangwälder hinweg, bis der Meeresboden sich je absenkte zu einem schwarzen Abgrund. Die Szenerie im Spiegel verblasste, Johann wendete sich ab, zögerte nur kurz, packte dann ein paar Sachen in seine Reisetasche und begab sich zum Bahnhof.

Ein leichter Nordwestwind hatte sich erhoben und ließ die Büsche der Kartoffelrose und des Sanddorns erzittern, als Johann auf dem schmalen Dünenpfad an der schwarzen Bake vorbeiging und sich hinunter zum Nordstrand begab. Schließlich stand er an der Spülsaumkante und schaute über die bewegte Ebene der Wogen und Wellen, die wie eine glänzende Haut die unermessliche Räume darunter überspannte. Langsam zog er sich aus und schritt mit einem unvermittelt anschwellenden Glücksgefühl in die wartende See. Ein letztes Luftholen und er tauchte hinab, glitt mit kräftigen Schwimmzügen über den sandigen

Grund. Nach einer Zeitspanne, in der er fast schon glaubte, das Atmen hätte für immer seine Bedeutung verloren, hielt er inne, schloss kurz die Augen, fuhr sich dann mit der Rechten leicht durchs Haar und ließ sie gehen, ließ die Makrele gehen. Sie zappelte kurz mit der Schwanzflosse und verlor sich dann im graubraunen Dunst. Sie war frei, sie waren beide frei und Johann konnte endlich auftauchen.

Monolog des alten Seemanns

$\mathcal{U}$nter den Flügeln der Dämmerung, entlang der Peripherie der alten Ozeane wandere ich so manche Stunde. Dort knie ich nieder, lasse den Sand durch meine Finger rinnen und riesel verworrene Muster auf das Watt, die nur eines bedeuten: Sehnsucht.

Meine Erinnerung begleitet meinen fliehenden Blick, der über die Wogen eilt bis zum Horizont, wo der wolkenschwere Himmel in die fernen Wasser stürzt. All die Jahre auf schwankenden Planken, unter sich blähenden Segeln, durchkreuzte ich den Wasserleib des Planeten, und sein blaues Herz pochte nah an meinem Herzen. Manche Schiffswache auf Oberdeck, schaute ich dem Mondlicht zu im Spiel der Wellen und schon damals keimte in mir jene Ahnung, die mir heute noch immer die Gedanken schwer macht, alt und bärtig an die Strände verschlagen, gelehnt an den unnachgiebigen Salzwind aus Nordwesten.

Ich weiß, der Mensch ist ein Landtier, ein Aufrechtgehender, festverwurzelt mit beiden Beinen auf der Erde – und doch ein aufs Festland Verirrter. In mir ist die Überzeugung gewachsen, dass die wirkliche Welt die in den Tiefen der Meere ist, die grün schimmernden Regionen unter der Haut der Wellen, im Leib der Ozeane. Diese quälende Lebensweise im gegenwärtigen Stand kann nur eine Vorstufe sein, bis wir gelernt haben das Wasser zu atmen, bis wir fähig sind, in die verborgensten Gebiete der Ozeane hinabzusteigen, wie wir heute in ein Gebirgstal hinabwandern.

Ich ahne, einst vor undenklichen Zeiten hatten wir ein Leben im Meer, waren wir eins mit dem Ozean. Doch dann sind wir an Land gekrochen, Opfer einer Verheißung, die uns verblendete, in den trockenen Staub gefallen und vergaßen unsere Heimat, woher wir kamen und wie der Mensch dort leben kann. Und wie wir einst aus dem Meer gekrochen, so erlebt es jedes Menschenkind bei seiner Geburt aufs Neue, wenn es aus der flüssigen Umhüllung der Fruchtblase gepresst wird. Unter den wechselhaften Witterungen der Jahreszeiten spürt es die Sehnsucht nach dem Mutterschoß, die Gleichnis ist für die Sehnsucht nach der ursprünglichen Heimat.

In diesem Zustand elementaren Abgetrenntseins treibt uns ein Zwang zur Suche nah dem Ort, der zugleich Herkunft und Ziel, treibt uns eine dunkle Ahnung an die Strände, an die Gestaden der Meere, schreiten wir den äußersten Rand ab, spüren den Sog, der aus der anderen Welt an uns zerrt und suchen verzweifelt einen Zugang. Aber die Lufthülle umschließt die Erde wie ein Mantel aus Blei, wie eine Zwangsjacke, an die wir gefesselt sind mit unseren Lungen. So ist es uns nur vergönnt, für Sekunden hinabzutauchen, alle Kleider zurücklassend im Sand, hinab in die feuchtgrünen Dome der Stille, ins Wasser des wahren Lebens. Schon quält uns die Lunge an die Oberfläche, um Luft bettelnd, dem Ertrinken nah, und wir kriechen zurück an den Strand, erschöpft und einen Fuß noch in der Gischt, die Trennung hinauszögernd.

So hört mein Testament: Wenn dereinst ich sterbe, dann verbrennt meinen Leib und streut die Asche ins Meer, auf das sie sich geselle zu meinem Geist, der dort schon so lange verweilt.

Ich bin das Meer

Mein Herz ist die Unruh
in einem alten Wecker
und die Jahre drehen sich
wie Uhrzeiger

an jenem fernen Morgen
wenn der Weckton erklingt
heißt es: erhebe dich
für die letzte Fähre
zu deiner Insel
unterm Bernsteinlicht

Herz schweig stille
Gedankenmöwen
fliegt zum Horizont
alles Vertäute bleibt zurück
in den Sielhäfen des Festlands

barfuss mit blanker Seele
die Gangway hinab auf die Insel
die Sonne tanzt Seil auf dem Horizont
über den Dünenhochweg
hinunter zum Strand und endlich

im Rausch ans Meer
im Herzen Land unter